Kerstin M. Schuld

Michel
und die kleine
Leni

Für meine Eltern

Michel
und die kleine Leni

Eine Geschichte, erzählt
und illustriert von Kerstin M. Schuld

Ravensburger Buchverlag

Irgendwo weit draußen steht ein altes Häuschen. Hier lebt Michel. Michel ist Maler. Oder Forscher. Oder beides. So genau weiß das keiner. Den lieben langen Tag malt Michel, am allerliebsten Tiere. Doch um sie richtig malen zu können, muss er die Tiere zuerst erforschen, sagt er. Einmal hatte Michel unzählige Spinnen in seinem Arbeitszimmer – wochenlang. Nur weil er ein Spinnennetz malen wollte, eins, das ganz echt aussieht. Tante Agathe, die Spinnen nicht leiden kann, kam in dieser Zeit nicht ein einziges Mal zu Besuch. Und da behielt Michel die Spinnen noch ein wenig länger als nötig. So ist er eben, der Michel!

An einem warmen Sommertag steht Michel in seinem Gemüsebeet und erntet Möhren. Aber nicht zum Essen, er will sie malen. Er will einen Hasen vor einem Riesenberg Möhren malen. Das Bild ist fast fertig, nur die Möhren fehlen noch.

Michel schnappt sich so viele Möhren, wie er kann,
und stolpert aufs Haus zu. Aber eine Möhre nach
der anderen fällt wieder herunter.
„Ei der Dübel", brummt Michel und schaut sich suchend um.
Dann zerrt er eins seiner Hemden von der Wäscheleine
und knotet die Ärmel zusammen. Aber kaum hat er die Möhren
oben hineingestopft, rutschen sie unten wieder heraus!
„Verflixte Motten", schimpft Michel, während er
das riesengroße Mottenloch in seinem Hemd betrachtet.
„Dann muss ich doch den Korb holen", grummelt er
und stapft ins Haus.

An der Lampe in Michels Schlafzimmer
hängt sein Sockenkorb.
„Der ist genau richtig", murmelt Michel
und hebt den Korb herunter.
„Nanu, da hängt ja eine Socke am Henkel",
wundert er sich. Gerade will er sie in
den Korb zurückschubsen, da fängt die Socke
an zu zappeln.
Michel erschrickt. Eine Socke, die zappelt?
Er schaut genauer hin. Das ist ja gar
keine Socke, sondern ein Tier, eine kleine
Fledermaus! Sie reißt sich los und flattert
pfeilschnell die Treppe hinunter.
Michel guckt ihr verdutzt nach.
Dann rennt er hinterher. Eine Fledermaus!
Ja, die könnte er doch malen, denkt Michel.
Wenn sie bloß nicht wegfliegt!

Die Fledermaus fliegt quer durchs Arbeitszimmer,
haarscharf an Michels Hasenbild vorbei.
„Achtung, mein Bild", ruft Michel. Erschrocken schaut sich
die Fledermaus um, fliegt aber weiter.
„Pass auf", schreit Michel. Doch da macht es schon „PLATSCH"
und die Fledermaus sitzt mitten im roten Farbtopf.
„Ojemine!", jammert Michel und stürzt auf die Fledermaus zu.
Aber die rappelt sich blitzschnell auf und klettert aus dem Topf.
Ganz klebrig rot ist sie.
„Nicht auf meine Zeichnung", will Michel noch rufen, da hockt sie
schon mittendrauf. Sie tapst über das Papier, nimmt Anlauf,
flattert los und bleibt als roter Fleck an der Leinwand kleben.

„Oje, mein schönes Bild", stöhnt Michel und greift vorsichtig
nach einem Flügel der Fledermaus. Mit einem schmatzenden Geräusch
löst sie sich von der Leinwand.
„Na, du machst ja Geschichten", murmelt er und betrachtet
die tröpfelnde Fledermaus. „Wie soll ich dich jetzt bloß sauber kriegen?"
„Gruselst du dich denn gar nicht vor mir?", fragt da die Fledermaus.
„Vor dir gruseln? Ja, warum das denn?", wundert sich Michel.
„Alle Menschen gruseln sich vor mir", antwortet die kleine Fledermaus.
„Na ich jedenfalls nicht", brummt Michel. Er holt Seife, ein Handtuch
und einen Teller mit Wasser und beginnt, die kleine Fledermaus
vorsichtig abzuwaschen. Als sie sauber ist, wickelt Michel sie behutsam
in das Handtuch.
„Ich heiße übrigens Michel", sagt er.
„Und ich bin die Leni", antwortet die Fledermaus.

„Hast du meine Ohren auch ordentlich geschrubbt? Die waren ganz verklebt, ich konnte eben gar nichts mehr sehen!", sagt Leni.

„Ohren? Du meinst wohl Augen", verbessert Michel sie.

„Augen und Ohren", beharrt Leni.

„Aber mit den Ohren kann man doch nicht sehen", lacht Michel.

„Ich schon!", ruft Leni beleidigt, „mit Echolot."

Michel kratzt sich verwundert am Kopf. „Echolot? Wie geht denn das?"

„Nimm mal an, da drüben fliegt eine Motte", erklärt Leni. „Wenn ich ganz laut rufe, saust der Ton durch die Luft und trifft auf die Motte wie ein Ball auf eine Wand. Dann kommt der Ton zurück und ich kann ihn wieder hören, als Echo. So weiß ich genau, wo die Motte ist."

„Tatsächlich? Was du alles kannst!", sagt Michel ein bisschen ungläubig.
„Dich würde ich furchtbar gerne erforschen."
Leni guckt ganz erschrocken. „Tut das weh?"
„Aber nein", beruhigt Michel sie.
„Und was kriege ich dafür?", fragt Leni.
„Hm … wenn ich dich erforschen darf, dann … dann …", überlegt Michel,
„… dann hast du einen Wunsch frei."
„Oh ja, einverstanden!", ruft Leni.

„Zuerst muss ich dich zeichnen", erklärt Michel. „Aber ja nicht wackeln, sonst zeichne ich schief."
Michel kritzelt und radiert. Und hin und wieder knüllt er ein Blatt zusammen und wirft es in hohem Bogen weg.
„Dauert das noch lange?", mault Leni nach einer Weile.
„Bin ja schon fertig", sagt Michel.
„Ich auch", jammert Leni. „Fix und fertig!" Sie plumpst auf den Tisch.

Aber Michel ist kein bisschen müde, er erforscht Leni ganz genau.
„Ei der Dübel!", ruft er. „Du hast keine Flügel wie Vögel,
das sind ja Finger mit einer Haut dazwischen.
Und samtweich ist die." Leni nickt schwach.
„Und an den Ohren hast du Ohrdeckel,
bestimmt brauchst du die für
dieses Echolot, oder?"
Aber Leni ist bereits
eingeschlummert.
Michel holt ein Kästchen,
legt ein Taschentuch hinein
und dann Leni darauf.
Danach deckt er
sie mit einem zweiten
Taschentuch zu.
„Schlaf gut", murmelt er.

Leni schläft den Rest des Tages. Erst am Abend hört Michel ein leises Grummeln aus dem Kästchen.
„Na, ausgeschlafen?", fragt Michel.
„Mein Rücken tut mir schrecklich weh", klagt Leni und reibt sich den Rücken.
„Aber war's denn nicht schön weich?", fragt Michel enttäuscht.
„Doch schon, aber ich musste noch nie liegen!", jammert Leni.
„Aber man liegt doch nun mal beim Schlafen", lacht Michel.

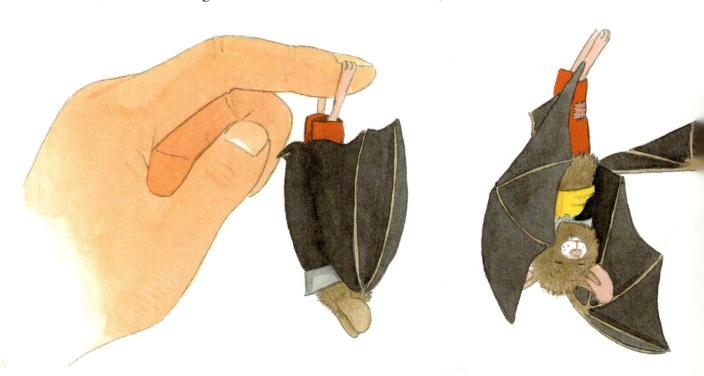

„Ich aber nicht", protestiert Leni.
„Wie meinst du das?", fragt Michel.
„Halt mal einen Finger hin", fordert ihn
Leni auf. Michel gehorcht verdutzt.
Leni flattert los und schon baumelt sie
vergnügt an Michels Zeigefinger –
mit dem Kopf nach unten!
„Das ist sooo gemütlich!", ruft Leni.
„Probier's doch auch mal!"

„Lieber nicht", meint Michel.
„Wo schläfst du denn?", fragt Leni.
„Im Bett, wo denn sonst", antwortet Michel.
„Und wer passt auf dich auf, wenn du schläfst?", fragt Leni.
„Brauch keinen Aufpasser", brummt Michel,
„aber jetzt lass uns wieder forschen."

Und Michel forscht eifrig weiter.
Leni wird gewogen …

… und gemessen …

… und richtig unter die Lupe genommen.

Sogar ihren Kopfumfang misst Michel
mit seinem Maßband aus dem Nähkörbchen.
„Jetzt kannst du gar nichts mehr sehen", lacht Michel.
„Aber ich hab ja noch meine Ohren!", ruft Leni trotzig.
„Damit sehe ich sowieso viel besser.
Sogar mit verbundenen Augen
sehe ich winzig kleine Dinge!"

„Glaub ich nicht", sagt Michel und
schüttelt den Kopf. „Doch nicht mit
verbundenen Augen?"
„Und ob", schimpft Leni.
„Ich kann es dir zeigen!"

Gewicht: 30 g
Grösse: 60 mm
Flughautbreite: 360 mm
Kopfumfang:

Das will Michel genau wissen. Schnell baut er ein Gestell und wickelt einen winzig dünnen Faden kreuz und quer darüber. Dann hängt er kleine Glöckchen daran, damit er hört, wenn Leni beim Fliegen irgendwo anstößt. „Da kann sie niemals mit verbundenen Augen durchfliegen", brummelt Michel vor sich hin und verbindet Lenis Augen mit einem Streifen seines Taschentuchs.

„Aber nicht mogeln!", ruft er. Leni saust los und fliegt zwischen den Schnüren hindurch – ohne sie zu berühren! „Hurra", jubelt Leni.

„Ei der Dübel!", ruft Michel. „Das ist ja enorm! Aber hast du nicht gesagt, du rufst ganz laut?" „Ja, furchtbar laut", sagt Leni.

„Ich hab aber gar nichts gehört", sagt Michel. „Ich höre nur, wenn du mit mir sprichst."

„Die Töne fürs Echolot sind viel höher, vielleicht kannst du sie deshalb nicht hören", meint Leni. „Pass auf, ich rufe jetzt mal genauso laut wie eben, aber tiefer."

Und schon legt Leni los.

„Aufhören!", schreit Michel und hält sich die Ohren zu. „Das ist ja schrecklich laut! Da bin ich aber froh, dass ich deine Echolot-Rufe nicht hören kann!"

Plötzlich bleibt Leni wie erstarrt stehen und lauscht.

„Was ist das?"

„Was denn?", fragt Michel.

„Da knurrt was", sagt die kleine Fledermaus und schaut ängstlich umher.

Michel lacht: „Ach, das ist nur mein Magen. Ich hab einen Bärenhunger."

Michel steckt seinen Kopf in den Kühlschrank.
„Ich habe Blutwurst, eine halbe Frikadelle, Salzbrezeln,
Reisbrei von vorvorvorgestern und Kartoffelchips", zählt Michel auf.
„Was möchtest du essen?" „Am liebsten Motte", sagt Leni.
„Motte habe ich nicht", sagt Michel, wirft aber zur Sicherheit
noch einmal einen Blick in den Kühlschrank. „Aber draußen
sind genug. Bedien dich!" Leni verschwindet in die Nacht
und kommt kurz darauf mit einer Motte zurück. Michel isst
Reisbrei mit Kartoffelchips.
„Du, Michel", sagt Leni während sie kaut. „Bist du ganz sicher,
dass du niemanden brauchst, der auf dich aufpasst?"
„Brauch keinen", grummelt Michel.
„Ganz, ganz sicher?", fragt Leni noch mal nach. „Auch nicht manchmal?"
Michel brummt mit vollem Mund etwas vor sich hin.
„Aber ich hab jetzt einen Wunsch frei, fürs Erforschen!", ruft Leni.
„Stimmt", nuschelt Michel.

„Was wünschst du dir denn?", fragt Michel.
„Ich wünsche mir einen kuscheligen Schlafplatz, einen, wo keiner sich vor mir gruselt", antwortet Leni.
„Einen Schlafplatz, hm, vielleicht bei Tante Agathe, oh neinneinnein, die gruselt sich ganz sicher vor dir."
Michel kichert.
„Ich hab's!", ruft er dann. „Die alte Ruine ist genau das Richtige, dort wird es dir gefallen!"
„Aber … aber ich dachte …", stammelt die kleine Fledermaus. Doch Michel kramt schon in der großen Truhe nach seiner Taschenlampe.
„Geht noch", murmelt er zufrieden, nachdem er sie angeknipst hat.
„Wir können gleich losgehen, Leni", ruft er und ist schon draußen.
Enttäuscht flattert Leni hinter ihm her.

„Da vorne ist sie, schau!", sagt Michel.
Im Mondlicht vor ihnen liegt die uralte Ruine. Unheimlich sieht sie aus.
„Hier gruselt sich keiner vor dir", sagt Michel zufrieden.
„Aber mich gruselt's hier", flüstert Leni und krabbelt ängstlich in Michels Tasche. Doch da rutscht sie – flups – unten wieder heraus.
„Verflixt ein Mottenloch", knurrt Michel. Er nimmt Leni auf seine Hand.
„Wenn es dir hier nicht gefällt, was machen wir denn da?", fragt er.
Leni guckt ganz traurig. Michel kratzt sich am Kopf: „Hm, vielleicht könnte ich ja doch jemanden brauchen, der auf mich aufpasst."
„Hurra!" Leni flattert los. „Und dann fange ich alle Motten und du musst dich nie mehr über Mottenlöcher ärgern."
„Aber erst mal auf Probe!", ruft Michel. Doch Leni ist schon vorausgeflogen und hört ihn nicht mehr.
Michel geht ihr eilig nach. Hier wäre es mir auch nicht geheuer, denkt er und geht noch etwas schneller.

„Wo möchtest du denn gerne schlafen?", fragt Michel als sie
zu Hause angekommen sind.
„Im Sockenkorb", antwortet Leni bestimmt. „Aber könnte der nicht
über deinem Bett hängen?"
„Über meinem Bett? Muss das sein?", entgegnet Michel,
schaut aber schon mal, wie er ihn aufhängen kann.
„Ist es so recht?", fragt er, als der Korb schließlich über seinem
Bett baumelt.
„Ganz prima!", ruft Leni und hängt sich gleich zur Probe an
den Henkel. Michel hockt auf der Bettkante und gähnt.
„Kuschelig, so ein Bett", murmelt er und zupft an der Bettdecke.
„Wollen wir nicht schlafen gehen?"
„Wie, jetzt? Mitten in der Nacht?", ruft Leni empört.
„Fledermäuse schlafen am Tag, doch nicht nachts!"
„Ach so, stimmt ja." Michel blinzelt müde mit den Augen.
„Und außerdem habe ich doch versprochen,
nachts auf dich aufzupassen", sagt Leni.
„Na, da kann mir ja nichts mehr passieren", gähnt Michel
und ist auch schon eingeschlafen.

Bibliografische Information Der Deutschen Bibliothek
Die Deutsche Bibliothek verzeichnet diese Publikation
in der Deutschen Nationalbibliografie;
detaillierte bibliografische Daten sind im Internet über
http://dnb.ddb.de abrufbar.

1 2 3 4   08 07 06 05

© 2005 Ravensburger Buchverlag Otto Maier GmbH
Postfach 1860 · 88188 Ravensburg
Text und Illustration: Kerstin M. Schuld
Redaktion: Anja Lewe
Printed in Germany
ISBN 3-473-33984-9
www.ravensburger.de